LA SORBONNE

POEME.

Par Mre *ANTOINE GODEAV* *Euesque de Grasse & Vence.*

A PARIS,

Chez PIERRE LE PETIT, Impr. & Libr. ord. du Roy ruë Saint Iacques, à la Croix d'Or.

M. DC. LIII.

AVEC PRIVILEGE DV ROY.

LA SORBONNE.

POEME.

EYNE des Veritez, chaste Fille des Cieux,
Qui de rayons si clairs illumines les yeux,
Qui portes d'une main, une torche allumée,
Dont le feu vif & pur ne fait point de fumée,
Et de l'autre, ce Liure où les Prophetes Saints
Marquent de l'Eternel les celestes desseins;
Toy qui laissant la terre, & trauersant la nuë,
Par une longue route à nos sens inconnuë,
Montes d'un vol hardy, mais sans temerité,
Iusqu'au sublime Sein de la Diuinité,
Pour puiser des secrets qui sont inépuisables,
Et nous en faire oüir les discours admirables:
Guide dont la clarté, qui vient du Firmament,
Retire les esprits de leur aueuglement;
Maistresse de la noble & glorieuse guerre,
Qui détruit les erreurs dont abonde la terre,
Desarme l'Heresie, arreste ses projets,
Et luy fait chaque jour perdre quelques sujets:

A ij

Chaste Regle des mœurs, par qui l'ame est regie,
Clair Flambeau de la Foy, sainte Theologie ;
Enfin, nous te voyons brillante de splendeur,
Dans vn riche Palais, digne de ta grandeur.
La fameuse SORBONNE, où depuis tant d'années,
Par des prosperitez l'vne à l'autre enchainées,
On t'a veu triompher du Monde, & du Demon,
Retenant son esprit, & conseruant son nom,
Prend l'éclat somptueux d'vne face nouuelle,
Aussi digne de toy, comme il est digne d'elle.
Vn autre chantera les riches ornemens,
Et l'ordre merueilleux de ses beaux bastimens ;
Pour moy, je veux laisser à la race future,
De sa sainte vieillesse, vne viue peinture,
Et découurir l'esprit qui dans ce noble Corps,
Fait auec tant de fruit, tant d'illustres efforts.
Ie veux au Fondateur de l'illustre Sorbonne,
De mes plus belles fleurs, offrir vne couronne :
Et sans craindre aujourd'huy de paroistre flateur,
Consacrer le grand nom de son Restaurateur.
Que si, pour bien fournir cette longue carriere,
Ie manque de chaleur, de force, & de lumiere,
Au moins je monstreray, par vn effort si saint,
L'amour respectueux dont mon cœur est atteint.

 Les Muses à l'enuy consacrent la memoire
De ces grands Conquerans que l'amour de la gloire,

D'vn

D'vn Empire nouueau rendit les Fondateurs,
Et leurs Vers font des Dieux de ces Vfurpateurs.
Tant que l'Aftre du jour par fa clarté feconde,
Et fes viues chaleurs, fera l'ame du monde,
Le Chantre de Mantoüe, en fes Vers merueilleux,
Fera viure l'Auteur de l'Empire orgueilleux,
Qui fe forma jadis par le fort de la guerre,
Des Sceptres dérobez au refte de la Terre.
Ce jeune Conquerant dont les vaillans combats,
Au Throfne de Cyrus, conduifirent les pas,
Bien que dans le cercueil il ne foit plus que cendre,
Eft toûjours admiré fous le nom d'Alexandre.
Mais ces hommes fameux font montez à leur rang,
Par la flâme & le fer, le pillage & le fang;
Ils ont fondé pour eux des Empires auguftes,
Mais ils les ont fondez fur des bafes injuftes,
Et le temps enuieux de l'humaine grandeur,
En fait éuanoüir la trompeufe fplendeur.
Combien plus juftement, ô diuines Pucelles,
Deuez-vous celebrer les vertus immortelles,
Et ce noble deffein du celebre Sorbon,
Dont la docte SORBONNE a pris l'illuftre nom?
Loüis qui fut des Roys l'admirable modele,
Et qui pour deliurer du joug de l'Infidele,
Le glorieux Tombeau de fon diuin Saueur,
Ioignit le grand courage à la fainte ferueur,

A cet homme embrazé d'vne flâme prudente,
Confioit les secrets de son ame innocente.
Il l'auoit pour son guide au chemin glorieux
Qui du Thrône François, l'a porté dans les Cieux,
Et c'estoit à ses pieds, que ce Prince admirable
S'auoüant criminel, cessoit d'estre coupable.
La pompe de la Cour ne l'éblouit jamais,
Son desordre confus ne troubla point sa paix,
Il ne se gasta point dans ses molles delices,
Il ne pût déguiser ny ses maux, ny ses vices,
Il ne colora point ses noires actions,
Il ne se mesla point parmy ses factions,
Il fut toûjours pour elle un Medecin austere,
Il ne la fascha point, sans craindre sa colere,
Et pour luy faire aymer la sainte verité,
Il joignit la prudence, à la sincerité.
Cette Ville sans pair, que la Seine profonde
Arrose lentement du crystal de son onde,
Paris, à l'vn des bouts de son superbe enclos,
Loin d'vn peuple grondant, comme grondent les flots,
Voit s'éleuer vn mont dont la paisible enceinte
Des Sciences, des Arts, est la retraite sainte.

L'Vniuer- Charles que la valeur a rendu si fameux,
sité de Pa-
ris à esté Et dont les saints Autels sont chargez de nos vœux,
fôdée par
Charlema Ioignant heureusement pour le bien de la terre,
gne, Les lauriers de Parnasse, aux lauriers de la guerre,

Assembla dans ce lieu, les plus rares esprits
Dont le vaste Vniuers reconnoissoit le prix,
Et leur fit par l'éclat des royales largesses,
De leur païs natal, oublier les tendresses.
Icy les Orateurs découurent les tresors,
Et monstrent les beautez de ces illustres Morts,
Dont la sçauante Grece, autrefois fut feconde,
Et qui dans le cercueil instruisent tout le monde.
Celuy que Rome a veu le Roy de son barreau,
Quoy qu'il soit toûjours leu, paroist toûjours nouueau;
On y trouue toûjours des graces nompareilles,
Qui gagnant la raison, & charmant les oreilles,
Le rendent par l'effort de ses discours vainqueurs,
Le Tyran des esprits, & le Maistre des cœurs.
Virgile y fait tantost entendre son Tityre
Dont la fluste vaut mieux que la plus douce lyre;
Et tantost releuant des accens de sa voix,
Il fait de son Heros retentir les exploits.
Là des Maistres sçauants, par des yeux de Lyncée,
Dans l'austere Portique, & le docte Lycée,
Penetrent sans erreur ces secrets merueilleux,
Dont la clarté corrompt les esprits orgueilleux,
Du faux raisonnement enseignent l'imposture,
Et découurent du vray la route la plus seure.
Les vns à la Nature arrachent son bandeau
Dans son sein tenebreux ils portent le flambeau;

Et d'vn vol plus hardi montant jusqu'aux Estoiles,
Ils mesurent des Cieux les magnifiques voiles,
Nous apprennent leur cours, & ces grands mouuemens
Dont l'Empire est connu par tous les Elemens;
Nous marquent le chemin du Roy de la lumiere,
Qui regle les saisons par sa vaste carriere,
Et suiuent pas à pas cet astre qui conduit,
Dessus vn char d'argent les astres de la nuit.
D'autres par la Morale, & ses pures maximes,
Tâchent de reprimer la licence des crimes,
De montrer les beautez dont brille la vertu,
Et veulent releuer son Empire abatu.
Cet art qui se seruant de secrets legitimes,
Croit pouuoir à la mort dérober ses victimes,
Y reuele aux mortels ce merueilleux secours,
Qui guerit les douleurs, & prolonge les jours.
Mais quoy qu'ayt de brillant vne science humaine,
Son éclat est trompeur, & sa lumiere est vaine:
La science de Dieu seule a la verité,
L'éclat, la profondeur, & la solidité.
Cet homme merueilleux dont je fais la peinture,
L'ayme auec vne ardeur aussi viue que pure,
Et pour en assembler des Docteurs renommez,
Par qui, d'vn sage soin, d'autres fussent formez,
Il conçoit le dessein des bastimens celebres
Qui defendent son nom de l'oubly des tenebres.

En vn

En un lieu redoutable où quand d'un voile obscur
La nuit cachoit du Ciel le lumineux azur,
Les voleurs transportez d'auarice, & de rage,
Faisoient un art public du meurtre, & du pillage;
Paris vid auec joye une sainte maison,
De lumiere, de paix, d'estude & d'oraison;
Où tandis que la nuit charmoit par son silence,
Des soucis, & des maux, la triste violence,
Des hommes détachez de tous les soins mortels,
Veilloient pour releuer la gloire des Autels.
Le sage fondateur de leur Echole Sainte,
Les consacre au Seigneur, les esleue en sa crainte,
Les unit d'un lien de sagesse, & d'amour,
Et leur donne un esprit ennemi de la Cour,
Ennemi des grandeurs, du luxe, des delices,
Des brigues, des partis, des fourbes, des malices;
Mais jaloux de la paix, de la sincerité,
De l'honneur de l'Eglise, & de sa verité,
Du salut des mortels, & des maximes pures,
Qui leur marquent du Ciel, les routes les plus seures.
Aussi-tost que leur voix dans ce celebre lieu,
Commence d'expliquer les oracles de Dieu,
Et que pleins de respect sur les traces des Peres,
Ils leuent le bandeau qui ouure les mysteres;
Des lieux où le Soleil nous fait poindre le jour,
Des riuages lointains où s'acheue son tour,

C

Des champs brûlans du Sud, des champs glacez de l'Ourse,
En foule on accourut à cette docte source,
Pour y puiser, sans peur d'y trouuer du poison,
Ces hautes veritez qu'adore la raison.
On vid lors arracher par des leçons diuines
Des Escriuains sacrez, les piquantes espines,
Et les mysteres saints, diuinement traitez,
Rauirent les mortels, de leurs chastes beautez;
SORBON, que les vertus rendent si venerable,
Annonçant du Seigneur la doctrine adorable,
Par des termes brillans, d'vne vaine clarté,
N'en obscurcit jamais la diuine beauté.
A l'honneur de son Maistre, il consacre ses veilles,
Il veut gagner les cœurs, non pas plaire aux oreilles;
Il ne demande point les applaudissemens,
Il cherche les soûpirs, & les gemissemens
De ceux dont par l'effort de ses saintes paroles,
Il vouloit renuerser, & briser les Idoles.
Ses sages compagnons, qu'en cét art il instruit,
Semant mesme semence, en cueillent mesme fruit,
Paris oyt foudroyer dans ses chaires augustes,
Ses amours criminels, & ses haines injustes,
Ses plaisirs dangereux, son commerce pipeur,
Sa deuotion feinte, & son culte trompeur.
Ils condamnent le mal, d'vne façon sincere,
Et de l'iniquité reuelant le mystere,

Levant tous les bandeaux qui le veulent cacher,
Ils oſtent aux pecheurs, l'excuſe de pecher.
Sous le vice inſolent les vertus étoufées
Par leur puiſſante voix gagnent mille trophées,
Et l'Ange revolté qui commande aux Enfers,
Pleure mille captifs arrachez de ſes fers.

 Comme un Tyran adroit qui par la violence,
L'orgueil, la cruauté, la fourbe, & l'inſolence,
Conſerve ſur le peuple un injuſte pouuoir;
S'il voit quelque parti contre luy s'émouuoir,
Dont des chefs genereux gouuernent l'entrepriſe,
Pour rendre à leur païs la premiere franchiſe;
Il ſonge à l'étoufer, lors qu'encore naiſſant,
Il ne s'eſt pas rendu trop fier, ni trop puiſſant;
Mais ſi le Ciel, laſſé de ſuporter ſes crimes,
Le deſtine à perir par des bras magnanimes,
Sa ruſe eſt inutile, & ſes efforts ſont vains,
La mort vange l'horreur de ſes faits inhumains:

 Ainſi le noir Demon, dont la rage infinie
Fait ſentir aux mortels ſa fiere tyrannie,
Et qui tient ſoûs ſon joug, leurs eſprits arreſteZ,
Ou par l'ambition, ou par les voluptez,
Voyant les nouriſſons de la docte SORBONNE,
S'vnir pour enlever ſon injuſte couronne,
Et faire ſecoüer ſon joug trop rigoureux,
Il vnit & ſa force, & ſes ruſes contr'eux.

Il tâche en se glissant dans des esprits faciles,
De les rendre suspects, pour les rendre inutiles,
Il blasme leur doctrine, il noircit leur vertu,
Mais dans tous ces combats, il demeure abatu.
La foy de ces Docteurs si pieux, & si sages,
Perce comme un Soleil tous les sombres nuages,
Dont l'enuie, ou le zele, injuste en son ardeur,
S'efforce d'obscurcir la diuine splendeur.
Le Demon dont la rage est toûjours embrasée,
Voit toûjours la SORBONNE *à ses loix opposée,*
Dans la suite des ans, son criminel orgueil
Vient toûjours échoüer à ce fameux écueil.
S'il attaque la Foy par quelque erreur nouuelle,
Qui par sa nouueauté se fait paroistre belle,
S'il arme contre Dieu, de superbes Tyrans,
La SORBONNE *fournit d'illustres combatans,*
Dont les sçauantes mains sur eux lançant le foudre,
Les renuersent par terre, & les mettent en poudre.
Hus, Vviclef, & Luther, ont en mille combats,
A leur honte éprouué, ce que pesent leurs bras;
Et Caluin leur osant disputer la victoire,
Toûjours par sa défaite, a releué leur gloire.
Quand par le feu du Schisme, en tous lieux allumé,
L'Eglise a presque vû son vaisseau consumé,
D'auoir esteint sa flâme en tous lieux respanduë,
La gloire la plus noble à la SORBONNE *est deuë.*

Pise

Pise, *Basle*, *Constance*, auec étonnement,
Ne vantent-elles pas, la foy, le jugement,
Le Zele, la candeur de ses Docteurs celebres,
Qui du Schisme confus percerent les tenebres?
Dans l'auguste Assemblée, où les noires erreurs
Qui firent émouuoir nos ciuiles fureurs,
Apres tant de douceurs vainement employées,
Par tant de saintes mains se virent foudroyées,
La sçauante SORBONNE, en ses Maistres fameux,
Ne parut-elle pas au delà de ses vœux?
Les suprémes Pasteurs de cette Eglise sainte,
Qui de la moindre erreur ne peut souffrir l'atteinte,
Quoy qu'ils soient de la foy les Oracles viuans,
Qui ne seront jamais deceus, ni deceuans,
Ont daigné toutesfois dans de penibles doutes,
Prendre ses saints conseils, suiure ses doctes routes,
Sans croire faire tort au pouuoir souuerain,
A qui mesme le Ciel ouure ses murs d'airain.
A ce throsne si saint, si ferme, si sublime,   Cle
De l'auguste Vnité le centre legitime,   VI.
N'a-telle pas fourni deux Princes glorieux,   Gre
Pour occuper vn lieu le plus proche des Cieux?   XI.
Combien d'Enfans nourris dans son ombre secrete
Ont & vestu la pourpre, & porté la houlete;
Enfans dont la vertu luisoit d'vn feu plus beau
Que ne luisoit sur eux cet auguste Chapeau

D

Qui comme le laurier escarte la tempeste,
Et couronne plustost qu'il ne couure vne teste,
Enfans, qui se voyant par vn auguste choix,
De l'immortel Epoux, dont ils suiuent les loix,
Des Enfans du grand Dieu, soudain deuenir Peres,
Et les maistres diuins de ses sacrés mysteres,
Sceurent si bien vnir la douceur au pouuoir,
La sagesse au courage, & le zele au sçauoir ;
Que les troupeaux commis à leur garde fidelle
Benirent pour leur choix, la Sagesse immortelle,
Et deuinrent si beaux, si sages, & si doux,
Que les autres troupeaux s'en monstrerent jaloux.
Mais autant que l'on doit de gloire & de loüanges,
A ceux qui d'vn fardeau que redoutent les Anges,
Ont, d'vn cœur si constant, sceu soustenir le poids,
Et d'vn Zele si pur, serui le Roy des Roys ;

Plusieurs Docteurs de Sorbonne ont refusé des Eueschez. Monsieur du Val & Monsieur Froger, ne voulurent point accepter l'Archeuesché de Rheims.

Ne doit-on pas autant de loüange & de gloire,
Aux venerables noms, à l'illustre memoire,
De ceux dont vn refus aussi saint que nouueau,
Esloigna les perils d'vn si pesant fardeau ?

   Dans ce fameux Iardin de gloire, & de delices,
Où le premier mortel, par des destins propices,
Se vid vn si grand Roy, sous l'Empire de Dieu,
La source qu'on voyoit boüillonner au milieu,
Partageant le crystal, & l'argent de son onde,
Par quatre larges bras, arrosoit tout le monde :

Telle fut la SORBONNE *au milieu de Paris,*
Apres qu'elle eut formé mille rares Esprits,
Et penetré des eaux de sa sainte doctrine,
Les champs où leurs tresors ont pris leur origine,
Elle se répandit dans les climats lointains,
Et s'abandonna toute au salut des humains.
La fameuse Heildeberg, & la grande Vienne,
Doiuent à ses Docteurs leur échole Chrestienne;
Tubinge vid par eux la sienne dans l'honneur,
Et par leur soin Alcale eut le mesme bon-heur.
Sur les riues du Tybre, & sur celles de l'Ebre
Par des enfans fameux la Mere fut celebre :
Ils porterent le bruit, & l'honneur de son nom,
Iusqu'aux bords reculez des mers de Caledon :
Les Bataues en eux creurent trouuer des Anges,
La superbe Albion les combla de loüanges :
Ceux qui boiuent l'Escaut, le Danube, & le Rhin,
Admirerent l'ardeur de leur zele diuin :
La Noruege en ses nuits vid leur clarté reluire,
Et les Sarmates fiers, s'y laisserent conduire :
Enfin à l'Vniuers, par ses fils glorieux,
La SORBONNE *enseigna la science des Cieux.*
Comme vn fleuue dont l'onde est d'argent en sa sou
Plus en s'en éloignant, il allonge sa course,
Plustost, enflé qu'il est de cent autres ruisseaux,
Il voit salir l'argent de ses natiues eaux :

Ainsi des bonnes mœurs la celeste doctrine
Si pure, si seuere, en sa noble origine,
Par la longueur des ans, par de faux Escriuains,
Vid ternir la beauté de ses preceptes saints,
Et changer la rigueur de ses chastes maximes
En accommodemens, qui nourissent les crimes.
Mais l'auguste SORBONNE a toûjours éuité,
Et leur corruption, & leur subtilité;
Elle a toûjours gardé ces preceptes seueres
Que comme vn saint depost elle tient de ses Peres;
Et par la complaisance, où l'interest se joint,
Ses conseils genereux ne se mesurent point.
Qui veut apprendre l'art de pallier l'vsure,
De conseruer des biens d'vne injuste nature,
Ou d'entrer en voleur dans la maison de Dieu,
Il ne doit point venir dans cet auguste lieu.
Ses doctes nourrissons ne brûlent point d'enuie;
Quand d'autres sont fameux par l'éclat de leur vie;
Ils reuerent leurs noms, ils ayment leurs trauaux,
Ils sont leurs defenseurs, & non pas leurs riuaux,
Bien loin d'en obscurcir les vertus magnifiques,
Et de les décrier par de noires pratiques.
Ils regardent l'Eglise, & non pas leur maison,
La sainte charité forme leur liaison,
Et la diuine ardeur de ses flâmes discretes,
Leur feroit souhaiter que tous fussent Prophetes.

D.

De leur sort mediocre ils se trouuent contens,
L'estude, & la priere, occupent tout leur temps,
Et joignant saintement, la priere à l'estude,
Au milieu de Paris, ils ont la solitude.
Ils disputent toûjours, & sont toûjours en paix,
Leur guerre ne commence, & ne finit jamais;
Mais cette guerre est sainte, & qui perd la victoir
N'en est pas moins aymé, n'en a pas moins de gloir
La prudence conduit, leur repos, leur employ;
Ils viuent reglement, bien qu'ils viuent sans loy;
Aucun n'y porte vn nom qui marque de puissance,
Et tous par la raison, sont dans l'obeissance;
Sans que le cours des ans, jaloux de leur splendeur
De leurs mœurs ait encore alteré la candeur.
Leur sainte pauureté les exempte des vices,
Bannit de leur maison le luxe & les delices,
Y tient tous les esprits, dans vn repos profond,
Et fait que sans erreur châque Oracle y répond.
Bien qu'ils soient occupez à des trauaux celestes,
Ils ne dédaignent pas les soins les plus funestes,
Et l'on voit tous les jours de tristes criminels,
Expirer doucement dans leurs bras paternels,
Benir par leur discours le plus rude suplice,
D'vne honteuse mort, faire vn saint sacrifice,
Et par vn cœur hardy, sans estre audacieux,
Monter de l'echafaut dans l'Empire des Cieux.

Qui sans estre enflâmé d'une juste colere,
Pourroit voir une Trouppe à l'Eglise si chere,
Habiter dans l'enclos d'une sombre maison,
Comme des criminels au sein d'une prison,
Tandis que l'on voyoit des Palais magnifiques,
Tous les jours s'élever des ruines publiques.
ARMAND ne pût souffrir ce desordre honteux,
ARMAND, par qui la France, en un estat heureux
Au comble de l'honneur se trouuoit esleuée,
Et qu'il faisoit regner apres l'auoir sauuée
De la captiuité des infames liens,
Que l'Espagne forgeoit pour les Estats Chrestiens.
Par ses sages conseils, l'insolente Rochelle
A Dieu comme à ses Roys ingratement rebelle,
Contrainte de fléchir soûs le joug de la foy,
De son Dieu, de son Prince, auoit receu la loy.
La mer qui pour sauuer d'un Monarque barbare,
Ceux en qui l'Eternel un Peuple se prepare,
Auoit fendu jadis en deux murs de crystal,
Son gouffre tortueux à l'Egypte fatal;
Pour perdre une Rebelle, au sang accoustumée,
Ferma son sein profond à sa perfide armée,
Et souffrit, pour vanger l'honneur du Souuerain,
Que les trauaux de l'art luy donnassent un frein.
Par tout où l'Heresie en une ardente guerre
Auoit insolemment mis les Temples par terre,

Les Temples relevez conuioient les mortels,
A venir honnorer leurs celebres Autels.
Les Prestres du Seigneur, jaloux de leurs Offices,
Offroient en seureté les Diuins sacrifices,
Et la Religion, dans vn profond respect
Entre les Ennemis n'auoit rien de suspect.
Les Ordres, dont le temps, les biens & la puissan
Auoient honteusement alteré l'innocence,
Par le zele d'ARMAND, par sa sainte rigueu
Reprenoient leur éclat, leur gloire, & leur vigueur.
Ces troupeaux dont Iesus, par ses peines mortelles,
Sur la Croix expia les fautes criminelles,
Estoient commis aux soins de fideles Pasteurs,
Sans que des soins abjets, & des discours flateurs,
Ou la secrete intrigue, ou l'ouuerte demande,
Frayassent le chemin d'vne charge si grande.
Les sciences, les arts, trouuoient toûjours en luy,
Vne sçauante estime, vn genereux apuy,
Et jamais la vertu qui n'estoit pas commune,
Sous luy ne se plaignit de sa triste fortune.
Enfin pour couronner ses soins laborieux,
Et laisser à la France vn signe glorieux
De son Zele enflâmé pour l'honneur de l'Eglise,
De l'auguste SORBONNE il forma l'entreprise
Et deuant que d'entrer dans la nuit du tombeau
Son œil pût se mirer dans vn Palais si beau.

Ouurages merueilleux, dont la magnificence,
Surpaſſoit des mortels la commune puiſſance,
Deſſeins trop inſolens de ces antiques Roys
Dont l'Egypte feconde a reconnu les Loix,
Miracles de vos temps, Pyramides ſuperbes,
Vos ſommets aujourd'huy ſont plus bas que les herbes,
Et l'on ne connoiſt plus ceux dont la vanité
Crût en vous eſleuant trouuer l'eternité.
Les Hebreux accablez d'un barbare ſeruage,
Ont par de durs trauaux éleué voſtre ouurage,
Châque pierre eſt un crime, & pour en faire un rang
On employa moins d'eau, qu'on n'employa de ſang,
Mais, ô ſainte SORBONNE, en ta ſtructure auguſte,
On ne voit point l'effort d'une puiſſance injuſte.
Des peuples accablez ſous un joug inſolent,
N'ont point fondé le faix de ton Dome brillant.
Tu loges dans ton ſein cette auguſte ſcience,
Qui ſoûmet à la foy, l'humaine intelligence,
Et tu ne periras, qu'en cet embraze̅ment
Qui doit fondre l'airain du vaſte Firmament.
Ce fut peu d'employer en ta riche ſtructure,
Tout ce qu'ont de plus rare, & l'Art, & la Nature,
ARMAND, voulut te voir eſleuer des Enfans
Qui puſſent égaler leurs Peres triomphans:
Quand de ce beau deſir, on eut la connoiſſance,
Ceux qui joignent l'eſprit à la haute naiſſance,

Y

Y viennent à l'enuy, se former aux combats,
Où sans se diuiser on ne s'accorde pas,
Et qui dressent l'esprit aux combats veritables
Que l'orgueilleux Demon trouue si redoutables.
On conteroit plustost tous les sablons volans
Qu'enferme la Lybie en ses deserts brûlans,
Et les épys dorez qu'en vne riche Automne
Dans les fertiles champs la Sicile moissonne,
Que les doctes exploits des Guerriers renommez,
Qu'en son pudique sein la SORBONNE a formez
Des vns la docte voix retentit dans nos Temples,
Et leur profond sçauoir se joint aux grands exemples;
D'autres par des écrits aussi forts qu'éclatans,
Combatent les erreurs de nos malheureux temps;
Ceux-cy comme Pasteurs conduisent les fideles,
Par le chemin étroit des regles eternelles,
Prennent de leur repos vn soin laborieux,
Ouurent pour leur salut, & l'esprit, & les yeux,
Consolent leurs ennuys, soulagent leurs miseres,
Pour eux ont l'amitié de veritables Peres,
Et ne se lassent point de voir que bien souuent
Ils sement sur le sable, & moissonnent du vent.
 Ainsi par le succés de sa sainte entreprise,
ARMAND a trouué l'art de fournir à l'Eglise
Des Soldats courageux qui, renaissant toûjours,
Seront pour sa grandeur des troupes de secours:

Et tant que cette Eglise aura quelque puissance,
Tant qu'on verra nos Lys luy rendre obeissance,
Tant qu'elle écoutera la science de Dieu,
Ses Enfans beniront le nom de RICHELIEV.
Tant que sur nos Autels, pour effacer le crime,
Son époux seruira de Prestre & de Victime,
Elle rencontrera dans ces rares écrits
L'art de luy ramener ces rebelles esprits,
Qui trompez, ou trompeurs, par d'infideles doutes,
Tombent au precipice, abandonnant ses routes.
Chers Freres que l'erreur a de nous separez,
Qui nous voulez conduire, & qui vous égarez,
Enfin il faut se rendre à ce merueilleux Liure,
Où du grand RICHELIEV le nom doit toûjours viure
D'vne amoureuse main il leue le bandeau,
Qui cachoit à vos yeux le celeste flambeau,
En nous monstrant vos maux, il les sent, il les charme,
Si sa force vous bat, sa douceur vous desarme;
Il méprise sa gloire, & la vostre est sa fin,
C'est moins vostre vainqueur, que vostre Medecin,
Et si sur vos esprits il gagne la victoire,
Il n'aura que les soins, dont vous aurez la gloire.
Mais, ô Liure sans pair, par quel sort rigoureux,
Ton pere est-il priué de tes succés heureux?
Pourquoy, diuin ouurage, admirable posthume,
Regretons-nous l'Autheur, dont nous loüons la plume?

O SORBONNE pourquoy son funeste tombeau
Afflige-t'il nos yeux, dans ton Temple nouueau?
  Venez à ce tombeau, mais en fondant en larmes,
Muses, dont il connut & respecta les charmes;
Venez à ce tombeau, vous dont les beaux écrits,
Par son amour sçauant eurent leur juste prix;
Venez à ce tombeau, sciences profanées,
Qui par ses doctes soins, vous vistes couronnées;
Venez à ce tombeau, redoutables Guerriers,
Dont sa main liberale arrosoit les Lauriers;
Venez-y tous François, & que châcun y moüille,
Du torrent de ses pleurs sa mortelle dépoüille.
Venez-y confesser que malgré le Demon
Tandis que du nauire il tenoit le timon,
Le nauire eut toûjours d'heureuses destinées,
Qu'il vogua sans trouuer Syrtes, ny Cyanées,
Qu'il se moqua des vents, qu'il donta leur effort,
Et joüit en repos de la gloire du port;
Cependant que l'Espagne, au milieu de l'orage,
Vid cent fois son vaisseau sur le point du naufrage,
Et que l'Aigle en son vol si pleine de fierté,
A peine rencontroit un lieu de seureté;
Venez-y confesser qu'en sa fatale perte,
La colere du Ciel s'est assez découuerte,
Et qu'il a justement puni les noirs desirs
De ceux qui de sa perte attendoient leurs plaisirs,

Et pensoient qu'aussi-tost qu'il sortiroit du monde,
On y verroit entrer la bonace profonde,
L'or tout pur brilleroit dans le fond des ruisseaux,
Vn Printemps eternel vestiroit nos ormeaux,
Et les champs, sans le soin d'vne longue culture,
Rendroient pour peu de grains vne seconde vsure.
Quel triste changement voyons nous en nos jours,
Et dans de si grands maux d'où viendra le secours?
Ie cherche vainement la France dans la France,
A peine d'elle-mesme a-t'elle l'apparence,
Ce n'est plus qu'vn grand corps qui brûle à petit feu,
Et que la fiévre encor fait mouuoir quelque peu,
Son éclat est esteint, ses beautés effacées,
Sa vigueur abatuë, & ses forces passées,
Ses peuples, dont la rage a troublé la raison,
Iusques au fonds des os ont receu le poison,
Et ses emportemens, que l'on ne peut comprendre,
Pour purger la maison la reduisent en cendre,
Ceux qui deuroient calmer leurs barbares transports,
Comme Demons secrets en meuuent les ressorts,
Et loin d'en appaiser les fureurs criminelles,
Les poussent tous les jours à des fureurs nouuelles.
Themis ne porte plus la balance à la main,
Mais vn flambeau brûlant, mais vn glaiue inhumain,
Et par des attentats qui n'auoient point d'exemple,
La reuolte a trouué son asyle en son temple,

La

La foy ne charme plus par sa propre beauté,
Chacun par l'interest regle sa loyauté;
De l'Estat, les yeux secs, on contemple l'orage,
Et perissant on songe au profit du naufrage;
Comme si ce naufrage, en son fatal courroux,
Ne deuoit point, helas! nous enueloper tous;
Comme si les Autheurs de nos noires tempestes
En pouuoient garentir leurs insolentes testes.
O vous, qui, loin du bruit de ces horribles flots,
Goûtez dans la SORBONNE un innocent repos,
Pourquoy viens-je troubler vos estudes tranquilles,
Par le funeste objet de nos flâmes ciuiles?
Comment ay-je laissé vostre sacré Palais,
Pour offrir à vos yeux de si tristes portraits?
C'est peu de conseruer cet édifice auguste,
Qui comble RICHELIEV d'vne gloire si juste
Vous tenez en vos mains, par vn sort glorieux,
Des veritez du Ciel le depost precieux;
Gardez fidelement leurs richesses celestes,
Chassez les nouueautez à leur gloire funestes,
Et suiuez les sentiers que d'vn sacré compas,
Les Conciles, les Saints, ont marquez à vos pas.
Ces guides éclairez ne sont point infideles,
N'ont point de passions lâches, & criminelles,
Ne donnent point au mal de trompeuses couleurs,
Ne sçauent point cacher le serpent soûs les fleurs,

N'endorment point l'esprit, ne flatent point le vice
Enfin ne menent point dans un noir precipice.
Puisque vous enseignez la science des Cieux,
Deuant qui la raison se doit boucher les yeux;
Ne permettez jamais que la sagesse humaine,
Parlant dans vostre Echole, y parle en Souueraine.
Seruez-vous de ces traits, employez ses efforts,
Vsez de sa clarté, puisez dans ses tresors;
On peut impunément par de saintes adresses,
A l'Egypte rauir ses superbes richesses,
Et ne commettre pas un larcin criminel,
Lors que l'on les consacre au Monarque eternel.
Non, je ne veux pas voir la Doctrine bannie
D'vn qui de la Nature est nommé le Genie :
Mais je ne puis soufrir, sans de profonds regrets,
Qu'en Iuge souuerain, il forme des Arrests,
Dans vne auguste Echole, où le Iuge suprême
Du vray qu'on doit chercher est la Verité mesme.
Elle n'habite point, quoy qu'on prenne son nom,
Ni dans le vain Portique où dispute Zenon,
Ni dans l'Academie en doutes balancée,
Ni dans les promenoirs du raisonnant Lycée.
Son sejour est le Ciel, & son Roy souuerain
Est jadis descendu de ses voûtes d'airain,
Pour apprendre aux mortels, ses merueilles secretes,
Et leuer le bandeau qui couuroit les Prophetes.

Que cette Verité soit l'objet de vos soins,
Soyez-en les Docteurs, soyez-en les témoins ;
Mais de chastes Docteurs qui jamais ne l'alterent,
Qui pour la soûtenir, ne craignent, ni n'esperent.
Mais des témoins constans, qui d'une ferme voix,
Enseignent aux mortels ses plus seueres loix.
Ne vous étonnez pas d'y trouuer des épines ;
Ne pensez pas percer ses tenebres diuines,
Reuerez de sa nuit l'auguste profondeur,
Par son obscurité, jugez de sa splendeur.
Captiuez sous son joug, la raison indocile,
Et ne laissez jamais le vray pour le facile.
Pouuez-vous oublier ce serment genereux
Fait sur les saints Autels des Martyrs bien-heureux,
Qui scellerent jadis leur doctrine fidelle,
Par le sang répandu pour sa sainte querelle ?
Le vostre est consacré par ce vœu solemnel,
Pour defendre l'honneur du Monarque eternel,
Et ce Bonnet fameux où vostre estude aspire,
Est l'aduertissement & l'arre du Martyre.
Aux pieges qu'on vous tend ne soyez pas surpris,
Et pour vnir vos cœurs, vnissez vos esprits,
Estoufant au berceau la discorde intestine,
Que d'une chaisne d'or la Charité diuine,
Vous joigne par vn nœud si puissant & si doux,
Que la cause de l'vn soit la cause de tous.

Faites d'vn mesme zele vne mortelle guerre
Aux crimes monstrueux qui desolent la terre,
Aux brutales erreurs, aux infames discours,
Dont le noir attentat deshonnore nos jours.
Gardez-vous des conseils d'vne fausse prudence,
Qui rüinent les mœurs par sa condescendance:
Faites aux égarez qui n'ont point de flambeau,
Voir le plus seur chemin, & non pas le plus beau,
Pour bien guerir vn mal qui la Nature excede;
Du Dieu de la Nature apprenez le remede;
Ce que vous apprendrez, découurez-le sans fard,
Et suiuez constamment les regles de son Art;
Non pas vostre pensée, ou le goust du malade,
Ou ce que l'interest pour luy vous persuade.
Dans vostre obscurité, mettez vostre bon-heur,
Ne cherchez point l'éclat d'vn mensonger honneur,
Aymez la pauureté, comme vostre couronne,
Et sçachez que le nom de Pauures de SORBONNE
Est le plus venerable, est le plus glorieux,
Qui se fasse aujourd'huy renommer sous les Cieux.
Enfin, gardant toûjours vne conduite pure,
Monstrez si la SORBONNE a changé de structure,
Qu'elle n'a pas changé de loix, ni de desseins;
Mais qu'elle est toûjours Vierge, & la Mere des Saints.

FIN.

www.ingramcontent.com/pod-product-compliance
Lightning Source LLC
Chambersburg PA
CBHW060628050426
42451CB00012B/2480